Le manoir

Henri Van Dyke

Writat

Diese Ausgabe erschien im Jahr 2024

ISBN: 9789359949949

Herausgegeben von
Writat
E-Mail: info@writat.com

Le manoir

Y avait un air de calme et d'opulence réservée dans le manoir Weightman qui ne parlait pas d'argent dilapidé, mais de richesse utilisée avec prudence. Située à un coin d'avenue qui n'était plus à la mode comme résidence, elle regardait le flot grandissant des affaires avec une expression de complaisance et de demi-dédain.

La maison n'était pas belle. Il n'y avait rien dans sa façade droite en pierre couleur chocolat, ses lourdes corniches, ses larges fenêtres en verre plat, ses portes en acajou sculpté et ornées de bronze au sommet du large perron, pour charmer l'œil ou fasciner l'imagination. . Mais il était éminemment respectable et imposant à sa manière. Il semblait dire que les boutiques étincelantes des bijoutiers, des modistes, des confiseurs, des fleuristes, des marchands d'images, des fourreurs, des fabricants d'antiquités rares et coûteuses, des détaillants de produits de luxe, étaient sous l'attention d'un maison qui avait ses fondations dans la haute finance et qui a été construite au propre comme au figuré à l'ombre de l'église Saint-Pierre.

En même temps, il y avait quelque chose de satisfait et de félicité dans la façon dont le manoir se tenait debout au milieu d'un quartier en mutation. Il semblait presque s'élever un peu, parmi les grands immeubles à proximité, comme s'il sentait la valeur croissante du terrain sur lequel il se trouvait.

John Weightman était comme la maison dans laquelle il s'était construit il y a trente ans et dans laquelle étaient incrustés ses idéaux et ses ambitions. C'était un self-made-man. Mais en se créant, il avait choisi un modèle très apprécié et travaillé selon les règles approuvées. Il n'y avait rien d'anormal, de douteux, de flamboyant chez lui. Il était solide, correct et à juste titre réussi.

Bien entendu, ses goûts mineurs avaient été soigneusement tenus à jour. A l'époque, des tableaux des maîtres de Barbizon, des vieilles assiettes et portraits anglais, des bronzes de Barye et des marbres de Rodin, des tapis persans et des porcelaines chinoises, avaient été introduits dans l'hôtel. Il contenait une salle de réception Louis Quinze, un salon Empire, une salle à manger jacobéenne et divers appartements rappelant vaguement les styles de mobilier affectés par les monarques décédés. Le fait que les couloirs soient trop courts pour la perspective historique ne faisait pas beaucoup de différence. L'art décoratif américain est *capable de tout* , il absorbe toutes les époques. De chaque période, M. Weightman souhaitait avoir quelque chose du meilleur. Il en comprenait la valeur, présente comme certificat et prospective comme investissement.

Ce n'est que dans l'architecture de sa maison de ville qu'il est resté conservateur, inébranlable, on pourrait presque dire chrétien-chrétien du début de l'époque victorienne. Sa maison de campagne à Dulwich-on-the-Sound était un palais de la Renaissance italienne. Mais en ville, il adhérait à une architecture qui avait des connotations morales, l'époque de Brownstone du XIXe siècle. C'était un symbole de sa position sociale, de sa doctrine religieuse et même, d'une certaine manière, de son credo commercial.

« Un homme aux principes fixes, disait-il, devrait les exprimer dans l'apparence de sa maison. New York change trop rapidement son architecture domestique. C'est comme un divorce. Ce n'est pas digne. Je n'aime pas ça. Extravagance et l'inconstance sont annoncées dans la plupart de ces nouvelles maisons. Je souhaite être connu pour différentes qualités. La dignité et la prudence sont les choses auxquelles les gens ont confiance. Tout le monde sait que je peux me permettre de vivre dans la maison qui me convient. C'est une garantie au public. Cela inspire confiance. Cela contribue à mon influence. Il y a un texte dans la Bible au sujet de « une maison qui a des fondations ». C'est le genre de manoir approprié pour un homme solide. »

Harold Weightman avait souvent écouté son père parler ainsi des principes fondamentaux de la vie, et toujours avec un esprit partagé. Il admirait énormément les talents de son père et l'énergie déterminée avec laquelle il les perfectionnait. Mais il y avait dans la philosophie paternelle quelque chose qui inquiétait et opprimait le jeune homme, et qui le faisait intérieurement haleter en quête d'air frais et de liberté d'action.

Parfois, au cours de ses études universitaires et de ses années à la faculté de droit, il avait cédé à cette impulsion et s'était éloigné, tantôt vers l'extravagance et la dissipation, puis, lorsque la réaction arrivait, vers un dévouement romantique au travail parmi les pauvres. Il avait ressenti la désapprobation de son père pour ces deux imprudences ; mais elle ne s'exprimait jamais d'une manière dure ou violente, toujours avec une certaine patience tolérante, comme on peut en faire preuve à l'égard des erreurs et des caprices des très jeunes. John Weightman n'était pas précipité, impulsif, inconsidéré, même envers ses propres enfants. Avec eux, comme avec le reste du monde, il sentait qu'il avait une réputation à entretenir, une théorie à défendre. Il pouvait se permettre de leur laisser le temps de constater qu'il avait absolument raison.

L'une de ses citations bibliques préférées était : « Attendez-vous au Seigneur ». Il l'avait appliqué à l'immobilier et aux personnes, avec des résultats profitables.

Mais pour les humains, la sensation d'être attendu n'est pas toujours agréable. Parfois, surtout chez les jeunes, cela produit une vague inquiétude, un ressentiment muet, qui est accru par le fait qu'on peut difficilement l'expliquer ou le justifier. John Weightman n'en était pas conscient. Cela dépassait son horizon. Il n'en a pas tenu compte dans le plan de vie qu'il a élaboré pour lui-même et pour sa famille, participants et héritiers de sa réussite.

"Père nous joue", dit Harold, dans un moment d'irritation, à sa mère, "comme des pièces dans une partie d'échecs."

"Ma chère," dit cette dame dont la foi en son mari était religieuse, "vous ne devriez pas parler avec autant d'impatience. Au moins, il gagne la partie. C'est un des hommes les plus respectés de New York. Et il est très généreux. , aussi."

"J'aimerais qu'il soit plus généreux en nous laissant être nous-mêmes", a déclaré le jeune homme. "Il a toujours quelque chose en vue pour nous et espère nous y faire progresser."

"Mais n'est-ce pas toujours pour notre bénéfice ?" répondit sa mère. "Regardez dans quelle position nous nous trouvons. Personne ne peut dire que notre argent est entaché. Il n'y a aucune rumeur sur votre père. Il a observé les lois de Dieu et des hommes. Il n'a jamais commis d'erreurs."

Harold se leva de sa chaise et alluma le feu. Puis il revint vers la dame ample, bien vêtue et à l'air ferme, et s'assit à côté d'elle sur le canapé. Il lui prit doucement la main et regarda les deux bagues — une fine bande d'or jaune et un petit diamant solitaire — qui gardaient leur place à son majeur avec une dignité modeste, comme si elles n'étaient pas humiliées, mais plutôt justifiées par la splendeur de l'anneau. l'émeraude qui brillait à côté d'eux.

"Mère," dit-il, "tu as une main merveilleuse. Et père ne s'est pas trompé lorsqu'il t'a gagné. Mais es-tu sûre qu'il a toujours été aussi infaillible ?"

"Harold," s'exclama-t-elle avec un peu de raideur, "que veux-tu dire ? Sa vie est un livre ouvert."

"Oh," répondit-il, "je ne veux rien dire de mal, ma chère mère. Je sais que la vie du gouverneur est un livre ouvert - un grand livre, si vous voulez, tenu dans la meilleure main comptable et toujours prêt à être inspecté - chaque page correcte et montrant un bel équilibre. Mais n'est-ce pas une erreur de ne pas nous permettre de faire nos propres erreurs, d'apprendre par nous-mêmes, de vivre notre propre vie ? Devons-nous toujours travailler pour « l'équilibre », dans un Je veux être moi-même, sortir de ce « plan » éternel et profitable, me laisser aller et me perdre pendant au moins un moment, faire les choses que je veux, simplement parce que je le veux. pour les faire. »

" Mon garçon, " dit sa mère avec inquiétude, " tu ne vas pas faire quelque chose de mal ou de stupide ? Tu connais le mensonge de ce vieux proverbe sur la folle avoine. "

Il rejeta la tête en arrière et rit. "Oui, maman," répondit-il, "je le sais assez bien. Mais en Californie, vous savez, la folle avoine est l'une des cultures les plus précieuses. Elle pousse partout sur les collines et maintient le bétail et les chevaux en vie. Mais ce n'était pas ce que je voulais dire : semer la folle avoine, disons cueillir des fleurs sauvages, si vous préférez, ou même chasser des oies sauvages, faire quelque chose qui me semble bon juste pour le plaisir en soi, pas pour le salaire. d'une sorte ou d'une autre. Je me sens comme un employé, au service de ce magnifique manoir – par exemple en train de m'entraîner pour devenir majordome de mon père. J'aimerais m'en sortir d'une manière ou d'une autre, me sentir libre – peut-être faire quelque chose pour les autres. ".

La voix du jeune homme hésita un peu. "Oui, cela semble impossible , je sais, mais parfois j'ai l'impression que j'aimerais faire du bien dans le monde, si seulement mon père n'insistait pas pour que Dieu le mette dans le grand livre."

Sa mère bougeait avec inquiétude et un léger air de perplexité apparut sur son visage.

"N'est-ce pas presque irrévérencieux ?" elle a demandé. "Les justes doivent sûrement avoir leur récompense. Et votre père est bon. Voyez combien il donne à toutes les œuvres caritatives établies, combien d'œuvres il a fondées. Il pense toujours aux autres et planifie pour eux. Et sûrement, pour nous, Il fait tout. Comme il a bien planifié ce voyage en Europe pour moi et les filles : la présentation à la cour de Berlin, la saison sur la Riviera, les visites en Angleterre avec les Plumpton et les Halverstone ... Il dit que Lord Halverstone a le meilleur vieille maison du Sussex, purement élisabéthaine, et toutes les anciennes coutumes sont également conservées : des prières familiales chaque matin pour tous les domestiques. À propos, vous connaissez son fils Bertie, je crois.

Harold sourit un peu en répondant : « Oui, j'ai pêché à l'île Catalina en juin dernier avec l'honorable Ethelbert ; c'est un type plutôt honnête, malgré son esprit incarné. Mais toi ?... maman, tu es tout simplement magnifique ! sont le chef-d'œuvre de mon père. Le jeune homme se pencha pour l'embrasser et monta au Club d'équitation pour son galop de l'après-midi dans le Parc .

Il arriva donc, au début de décembre, que Mme Weightman et ses deux filles s'embarquèrent pour l'Europe, pour leur sérieux voyage d'agrément, comme cela avait été écrit dans le livre de la Providence ; et John Weightman

, qui avait fait l'entrée, a dû passer le reste de l'hiver avec son fils et héritier dans le manoir de Brownstone.

Ils étaient assez à l'aise. Les machines de l'immense établissement fonctionnaient aussi bien qu'une grande dynamo électrique. Ils étaient aussi assez occupés. Les plans et les entreprises de John Weightman étaient complexes, même si son principe d'action était toujours simple : obtenir une bonne valeur pour chaque dépense et chaque effort. La maison de banque dont il était le chef, le cerveau, la volonté, la main qui contrôlait absolument, était si admirablement organisée que les détails de sa direction ne prenaient que peu de temps. Mais les dizaines d'autres intérêts qui en rayonnaient et en dépendaient – ou peut-être serait-il plus exact de dire, qui contribuèrent à sa solidité et à son succès – les nombreux investissements, industriels, politiques, caritatifs, réformateurs, ecclésiastiques, qui l'avaient a rendu le nom de Weightman bien connu et puissant dans la ville, l'église et l'État, a exigé beaucoup d'attention et une direction prudente, afin que chacun puisse produire le résultat souhaité. Il y avait des réunions de conseils d'administration d'entreprises et d'hôpitaux, des conférences à Wall Street et à Albany, des consultations et des réunions de comités dans le manoir de Brownstone.

Pour une part dans toutes ces affaires et dans leurs activités annexes, John Weightman avait son fils en formation dans l'un des célèbres cabinets d'avocats de la ville ; car il soutenait que la banque elle-même est une affaire simple, les seules véritables difficultés de la finance résident dans son aspect juridique. En attendant, il souhaitait que le jeune homme rencontre et connaisse les hommes avec lesquels il aurait affaire lorsqu'il deviendrait associé dans la maison. Ainsi, quelques dîners furent donnés au manoir au cours du mois de décembre, après quoi le père attira l'attention de son fils sur le fait que plus de cent millions de dollars étaient en jeu autour du conseil d'administration.

Mais la veille de Noël, le père et le fils dînaient ensemble sans invités, et leur conversation à travers la grande table, scintillante d'argent et de verre taillé, et doucement éclairée par des bougies ombragées, était intime, quoique parfois un peu lente. L'homme plus âgé était d'une humeur plutôt rare, plus expansive et plus confidentielle que d'habitude ; et, quand le café fut apporté et qu'ils furent laissés seuls, il parla plus librement de ses projets et de ses espoirs personnels qu'il ne l'avait jamais fait auparavant.

« Je suis très reconnaissant ce soir, » dit-il enfin ; "Ce doit être quelque chose dans l'air de Noël qui me donne ce sentiment de gratitude pour les nombreuses miséricordes divines qui m'ont été accordées. Tous les principes par lesquels j'ai essayé de guider ma vie ont été justifiés. Je n'ai jamais fait le valeur de cette amande salée par tout ce que les tribunaux ne feraient pas respecter, du moins à la longue, et pourtant - ou ne serait-il pas plus vrai de dire et donc ? - mes affaires ont été merveilleusement prospères. " L'honnêteté est ce qu'il y a de mieux " - mais non, cela ne vient pas de la Bible, après tout, n'est-ce pas ? Attendez un instant, il y a quelque chose de ce genre, je sais.

"Puis-je allumer un cigare, père", dit Harold en se détournant pour cacher un sourire, "pendant que tu te souviens du texte ?"

"Oui, certainement", répondit assez brièvement l'homme plus âgé; "Vous savez, je n'aime pas l'odeur. Mais c'est une habitude inutile et inutile, et c'est pourquoi je ne l'ai jamais pratiquée . Rien d'inutile ne vaut la peine , telle est ma devise - rien qui n'apporte une récompense. Oh, maintenant, je rappelez-vous le texte : « En vérité, je vous le dis, ils ont leur récompense ». Je demanderai un jour au docteur Snodgrass de prêcher un sermon sur ce verset .

"Vous utiliser comme illustration ?"

"Eh bien, pas exactement cela, mais je pourrais lui donner de bons éléments tirés de ma propre expérience pour prouver la vérité de l'Écriture. Je peux honnêtement dire qu'il n'y a aucune de mes œuvres caritatives qui ne m'a pas apporté un bon retour, ni dans l'augmentation de l'influence, l'accumulation de crédit ou l'association avec des personnes importantes. Bien sûr, vous devez faire attention à la manière dont vous donnez, afin d'obtenir les meilleurs résultats - pas de dons aveugles - pas de sous dans les chapeaux de mendiants ! L'un de mes principes a été de toujours utiliser le même genre de jugement dans les œuvres caritatives que j'utilise dans mes autres affaires, et ils ne m'ont pas déçu.

"Même le chèque que tu mets dans l'assiette quand tu prends l'offrande dans l'allée le dimanche matin ?"

"Certainement ; bien que là l'influence soit moins directe ; et je dois avouer que j'ai des doutes en ce qui concerne la collecte pour les missions étrangères. Cela me semble toujours romantique et inutile. On n'en entend jamais parler de manière précise. On dit les missionnaires ont fait beaucoup pour ouvrir la voie au commerce, peut-être, mais ils nous ont aussi mis dans des difficultés commerciales et politiques. Pourtant, je leur en donne un peu, c'est une question de conscience pour moi de m'identifier à tous. les entreprises de l'Église ; elle est le pilier de l'ordre social et d'une civilisation prospère. Mais les meilleures formes de bienveillance sont celles bien établies et organisées ici chez nous, où les gens peuvent les voir et savoir ce qu'ils font.

"Vous voulez dire ceux qui ont une habitation locale et un nom."

"Oui ; ils offrent de loin le rendement le plus sûr, même si, bien sûr, il y a quelque chose à gagner à contribuer aux fonds généraux. Un homme public ne peut pas se permettre d'être dépourvu d'esprit public. Mais dans l' ensemble , je préfère un bâtiment ou une dotation. Il y a un avantage mutuel à une bonne réputation et à une bonne institution dans leur relation dans l'esprit du public. Cela les aide tous les deux. Souviens-toi de cela, mon garçon. Bien sûr, au début, tu devras le pratiquer de manière modeste; plus tard, vous aurez de plus grandes opportunités. Mais essayez de mettre vos dons là où ils peuvent être identifiés et faire du bien partout. Vous en verrez la sagesse à long terme.

"Je le vois déjà, monsieur, et la façon dont vous le décrivez semble étonnamment sage et prudent. En d'autres termes, nous devons jeter notre pain sur les eaux en gros pains, transportés par des navires sains marqués du nom du propriétaire, afin que le le fret de retour ne manquera pas de nous revenir.

Le père rit, mais ses yeux fronçaient un peu comme s'il soupçonnait quelque chose d'irrévérencieux sous la réponse respectueuse.

"Vous le dites avec humour, mais il y a du sens dans ce que vous dites. Pourquoi pas ? Dieu règne sur la mer, mais il attend de nous que nous suivions les lois de la navigation et du commerce. Pourquoi ne pas prendre bien soin de votre pain, même lorsque vous le donnez. ?"

— Ce n'est pas à moi de dire pourquoi... et pourtant je pense à des cas... Le jeune homme hésita un instant. Son cigare à moitié fini s'était éteint. Il se leva et le jeta dans le feu, devant lequel il resta debout, une jeune silhouette svelte, avide et agitée, avec une pointe de faim dans son beau visage, étrangement semblable et différent du père, qu'il regardait d'un air à demi-curiosité mélancolique.

" Le fait est, monsieur, " continua-t-il, " un cas de ce genre me vient à l'esprit maintenant, et cela me préoccupe aussi beaucoup. C'est pourquoi j'ai pensé à vous en parler ce soir. Vous vous souvenez de Tom. Rollins, le Junior qui a été si gentil avec moi quand je suis entré à l'université ?"

Le père hocha la tête. Il se souvenait très bien des incidents ennuyeux de la première escapade de son fils, de la façon dont Rollins l'avait soutenu et l'avait aidé à éviter une disgrâce publique, et de la façon dont une étroite amitié s'était développée entre les deux garçons, si différents dans leurs fortunes.

"Oui", dit-il, "je me souviens de lui. C'était un jeune homme prometteur. A-t-il réussi ?"

"Pas exactement, enfin, pas encore. Ses affaires vont plutôt mal. Il a une femme et un petit bébé, vous savez. Et maintenant il est en panne , quelque chose ne va pas avec ses poumons. Le médecin dit que sa seule chance est un an ou dix-huit mois dans le Colorado. J'aimerais que nous puissions l'aider.

"Combien cela coûterait?"

"Trois ou quatre mille, peut-être, à titre de prêt."

"Est-ce que le médecin dit qu'il ira mieux ?"

"Une chance de se battre, dit le médecin."

Le visage du vieil homme changea subtilement. Pas une ligne n'était modifiée, mais elle semblait avoir une substance différente, comme si elle était taillée dans une matière ferme et impérissable.

"Une chance de se battre", dit-il, "peut être utile pour une spéculation, mais ce n'est pas un bon investissement. Vous devez quelque chose au jeune Rollins. Votre sentiment de gratitude vous fait honneur. Mais ne le surchargez pas. Envoyez-lui trois ou quatre cent, si vous voulez. Vous n'en entendrez plus jamais parler, sauf dans la lettre de remerciement. Mais pour l'amour du ciel, ne soyez pas sentimental. La religion n'est pas une question de sentiment ; c'est une question de principe.

Le visage du jeune homme avait changé à présent. Mais au lieu de se fixer et de se graver, il semblait se fondre dans la vie par la chaleur d'un feu intérieur. Ses narines frémissaient sous une respiration rapide, ses lèvres étaient retroussées.

"Principe!" il a dit. " Vous voulez dire le principal... et les intérêts aussi. Eh bien, monsieur, vous savez mieux si c'est de la religion ou non. Mais si c'est le cas, excluez-moi, s'il vous plaît. Tom m'a sauvé d'aller au diable, il y a six ans ; et je... Je serai damné si je ne l'aide pas au mieux de mes capacités maintenant.

John Weightman regardait fixement son fils. « Harold, » dit-il enfin, « tu sais que je n'aime pas les propos violents, et qu'ils n'ont jamais d'influence sur moi. Si je pouvais honnêtement approuver ta proposition, je te laisserais l'argent ; mais je peux. C'est extravagant et inutile. Mais vous avez votre chèque de Noël de mille dollars qui vous sera distribué demain. Vous pouvez l'utiliser à votre guise. Je ne me mêle jamais de vos affaires privées.

"Merci", dit Harold. " Merci beaucoup ! Mais il y a une autre affaire privée. Je veux m'éloigner de cette vie, de cette ville, de cette maison. Cela m'étouffe. Vous avez refusé l'été dernier lorsque je vous ai demandé de me laisser monter à la mission de Grenfell au Labrador. " Je pourrais aller maintenant, au moins jusqu'à la station de Terre-Neuve. Avez-vous changé d'avis ? "

"Pas du tout. Je trouve que c'est une entreprise extrêmement stupide. Cela interromprait la carrière que je vous ai tracée."

· "Eh bien, voici une proposition moins chère. Algy Vanderhoof veut que je le rejoigne sur son yacht avec - enfin, avec une petite fête - pour une croisière aux Antilles. Préféreriez-vous cela ?"

" Certainement pas ! L'ensemble de Vanderhoof est sauvage et impie. Je ne souhaite pas vous voir tenir compagnie à des imbéciles qui marchent sur le chemin large et facile qui mène à la perdition. "

"C'est un choix assez difficile", dit le jeune homme avec un petit rire en se tournant vers la porte. " D'après vous, il y a très peu de différence : un paradis de fous ou un enfer de fous ! Eh bien, c'est l'un ou l'autre pour moi, et je jouerai ce soir : face, je perds ; face, le diable gagne. Quoi qu'il en soit, j'en ai marre et je m'en fiche."

"Harold," dit l'homme plus âgé (et il y avait un léger tremblement dans sa voix), "ne nous laissons pas nous disputer la veille de Noël. Tout ce que je veux, c'est vous persuader de réfléchir sérieusement aux devoirs et responsabilités envers lesquels Dieu a ne parle pas à la légère du paradis et de l'enfer, souviens-toi qu'il existe une autre vie.

Le jeune homme revint et posa la main sur l'épaule de son père.

"Père," dit-il, "je veux m'en souvenir. J'essaie d'y croire. Mais d'une manière ou d'une autre, dans cette maison, tout me semble irréel. Sans aucun doute, tout ce que vous dites est parfaitement juste et sage. Je ne le pense pas. Je n'ose pas argumenter contre cela, mais je ne le sens pas, c'est tout. Si je veux avoir une âme, soit à perdre, soit à sauver, je dois vraiment vivre. Pour l'instant, ni le présent ni l'avenir ne signifient rien. à moi. Mais nous ne nous disputerons sûrement pas. Je vous suis très reconnaissant et nous nous séparerons d'amis. Bonne nuit, monsieur.

Le père lui tendit la main en silence. La lourde portière tomba sans bruit derrière le fils, et celui-ci monta le large escalier tournant jusqu'à sa propre chambre.

Pendant ce temps, John Weightman était assis sur sa chaise sculptée dans la salle à manger jacobéenne. Il se sentait étrangement vieux et ennuyeux. Les portraits de belles femmes réalisés par Lawrence, Reynolds et Raeburn, qui lui avaient souvent semblé être une véritable compagnie, semblaient lointains et sans intérêt. Il imaginait quelque chose de froid et presque hostile dans leur expression, comme s'ils regardaient à travers lui ou au-delà de lui. Ils ne se souciaient pas de ses principes, de ses espoirs, de ses déceptions, de ses succès ; ils appartenaient à un autre monde, dans lequel il n'avait pas sa place. Il éprouva alors un vague ressentiment, un sentiment de malaise qu'il n'aurait pu définir ni expliquer. Il était habitué à être considéré, respecté, apprécié à sa juste valeur dans toutes les régions, même dans celle de ses propres rêves.

Bientôt, il sonna le majordome, lui disant de fermer la maison et de ne pas s'asseoir, et il entra d'un pas traînant dans la longue bibliothèque, où brûlaient les lampes à abat-jour. Son regard tomba sur les étagères basses pleines de livres coûteux, mais il n'eut aucune envie de les ouvrir. Même les tableaux soigneusement choisis qui étaient accrochés au-dessus d'eux semblaient avoir perdu de leur attrait. Il s'arrêta un instant devant une idylle de Corot — une danse de nymphes autour de quelque autel oublié dans une clairière vaporeuse — et la regarda avec curiosité. Il y avait quelque chose de ravissant et de serein dans ce tableau, un souffle de printemps dans les arbres brumeux, une harmonie de joie dans les personnages dansants, qui éveillaient en lui un sentiment mi-plaisir mi-envie. Cela représentait quelque chose qu'il n'avait jamais connu dans sa vie calculée et ordonnée. Il s'en méfiait vaguement.

"C'est certainement très beau", pensa-t-il, "mais c'est clairement païen ; cet autel est construit pour un dieu païen. Cela ne rentre pas dans le schéma d'une vie chrétienne. Je doute que cela soit cohérent avec le ton de mon discours. Je la vendrai cet hiver. Elle me rapportera trois ou quatre fois ce que je l'ai payé. C'était un bon achat, une très bonne affaire.

Il se laissa tomber sur le fauteuil tournant devant sa grande table de bibliothèque. Il était couvert de brochures et de rapports sur les diverses entreprises auxquelles il s'intéressait. Il y avait une pile de coupures de journaux dans lesquelles son nom était mentionné avec des éloges pour son pouvoir durable en tant que pilier de la finance, pour sa bienveillance judicieuse, pour son soutien à des mouvements de réforme sages et prudents, pour sa discrétion dans l'octroi de dons publics permanents... " les Weightman Charities", les a appelés un éditeur très complaisant, comme s'ils méritaient d'être classés comme une espèce distincte.

Il feuilletait les papiers avec indifférence. Il y avait une description et une photo de « l' aile des poids de l'hôpital pour infirmes », dont il était président ; et un article sur le nouveau professeur de la « Chaire Weightman de jurisprudence politique » de l'Université de Jackson, dont il était administrateur ; et un récit illustré de l'ouverture de la « Weightman Grammar-School » à Dulwich-on-the-Sound, où il avait sa résidence légale aux fins de l'impôt.

Cette dernière était peut-être la plus soigneusement planifiée de toutes les œuvres caritatives Weightman . Il souhaitait gagner la confiance et le soutien de ses voisins ruraux. Cela lui avait beaucoup plu lorsque le journal local avait parlé de lui comme d'un citoyen idéal et d'un candidat logique au poste de gouverneur de l'État ; mais dans l'ensemble, il lui semblait plus sage de se tenir à l'écart de la politique active. Il serait plus facile et préférable de mettre Harold en lice, de le faire envoyer à l'Assemblée législative depuis le district de Dulwich, puis à la Chambre nationale, puis au Sénat. Pourquoi pas? Les intérêts de Weightman étaient suffisamment importants pour nécessiter un représentant et un tuteur direct à Washington.

Mais ce soir, tous ces projets lui revenaient avec de la poussière dessus. Ils étaient secs et en ruine comme des habitations abandonnées. Le fils sur lequel reposait son ambition complaisante avait tourné le dos à la demeure des espoirs de son père. La rupture n'est peut-être pas définitive ; et de toute façon, il y aurait de quoi vivre ; la fortune de la famille serait assurée. Mais le piquant de tout cela aurait disparu si John Weightman devait renoncer à l'assurance de perpétuer son nom et ses principes chez son fils. Ce fut une amère déception, et il sentit qu'il ne l'avait pas mérité.

Il se leva de sa chaise et parcourut la pièce de ses pieds plombés. Pour la première fois de sa vie, son âge se faisait visiblement sentir. Sa tête était lourde et brûlante, et les pensées qui y circulaient étaient confuses et déprimantes. Se pourrait-il qu'il ait commis une erreur dans les principes de son existence ? Il n'y avait aucun argument dans ce qu'Harold avait dit — c'était presque enfantin — et pourtant cela avait ébranlé l'homme plus âgé qu'il ne voulait le montrer. Il s'agissait d'une attaque silencieuse qui le touchait plus que la critique ouverte.

Supposons que la fin de sa vie soit plus proche qu'il ne le pensait — la fin doit arriver un jour — et si c'était maintenant ? N'avait-il pas fondé sa maison sur le roc ? N'avait-il pas observé les Commandements ? N'était-il pas « irréprochable en ce qui concerne la loi » ? Et au-delà de cela, même s'il y avait quelques défauts dans son caractère — et tous les hommes sont pécheurs — il croyait pourtant sûrement aux doctrines salvatrices de la religion — le pardon des péchés, la résurrection du corps, la vie éternelle. Oui, c'était la véritable source de réconfort, après tout. Il lisait un peu la Bible, comme il le faisait tous les soirs, puis se couchait et s'endormait.

Il retourna à sa chaise à la table de la bibliothèque. Un étrange poids de lassitude pesait sur lui, mais il ouvrit le livre dans un endroit familier et ses yeux tombèrent sur le vers au bas de la page.

" *Ne vous amassez pas de trésors sur la terre.* "

Tel avait été le texte du sermon quelques semaines auparavant. Ensommeillé, lourdement, il essaya de se concentrer sur ce sujet et de s'en souvenir. Qu'avait dit le docteur Snodgrass ? Ah, oui, c'était une erreur de s'arrêter ici dans la lecture du verset. Nous devons continuer à lire sans nous arrêter : *n'amassez pas de trésors sur la terre où les mites et la rouille corrompent et où les voleurs percent et volent* – telle était la vraie doctrine. Nous pouvons avoir des trésors sur terre, mais ils ne doivent pas être placés dans des endroits dangereux, mais dans des endroits sûrs. Une doctrine des plus réconfortantes ! Il l'avait toujours suivi. Les mites, la rouille et les voleurs n'avaient fait aucun mal à ses investissements.

John Weightman se tournèrent vers le verset suivant, en haut de la deuxième colonne.

" *Mais amassez-vous des trésors dans le ciel.* "

Maintenant, qu'avait dit le Docteur à ce sujet ? Comment devait-on comprendre – dans quel sens – les trésors – au ciel ?

Le livre semblait s'éloigner de lui. La lumière a disparu. Il se demanda vaguement si cela pouvait être la Mort, venant si soudainement, si doucement, si irrésistiblement. Il lutta un moment pour se relever, puis s'affaissa lentement sur la table. Sa tête reposait sur ses mains jointes. Il s'est glissé dans l'inconnu.

Combien de temps après la vie consciente lui revint, il ne le savait pas. Le blanc aurait pu durer une heure ou un siècle. Il savait seulement que quelque chose s'était produit entre-temps. Ce que c'était, il ne pouvait pas le dire. Il eut beaucoup de mal à retrouver le fil de son identité. Il sentait qu'il était lui-même ; mais la difficulté était d'établir ses liens, de vérifier et de se situer, de savoir qui et où il était.

Finalement, c'est devenu clair. John Weightman était assis sur une pierre, non loin d'une route dans un pays étranger.

La route n'était pas une autoroute formelle, clôturée et nivelée. Il s'agissait plutôt d'une grande trace de voyage, portée par des milliers de pieds traversant la campagne dans la même direction. Au fond de la vallée, dans laquelle il pouvait regarder, la route semblait se former progressivement à partir de nombreux sentiers secondaires ; de petits sentiers traversant les prairies, des sentiers sinueux qui longeaient les ruisseaux, des sentiers à peine balisés émergeant des bois. Mais sur le flanc de la colline, les fils étaient plus fermement tissés en une seule bande claire de voyage, bien qu'il y ait encore quelques sentiers sombres qui la joignaient ici et là, comme si des personnes avaient grimpé la colline par d'autres chemins et s'étaient finalement retournées pour chercher. la route.

Du bord de la colline, où John Weightman était assis, il pouvait voir les voyageurs, en petits groupes ou en compagnies plus nombreuses, se rassemblant de temps en temps par les différents sentiers et faisant l'ascension. Ils étaient tous vêtus de blanc, et la forme de leurs vêtements lui était étrangère ; c'était comme une vieille photo. Ils le croisèrent, groupe après groupe, discutant doucement ensemble ou chantant ; ils ne se déplaçaient pas avec hâte, mais avec un certain air d'empressement et de joie, comme s'ils étaient heureux d'être en route vers un lieu désigné. Ils ne restaient pas pour lui parler, mais ils le regardaient souvent et se parlaient en se regardant ; et de temps en temps l'un d'eux souriait et lui faisait signe de le saluer amicalement, de sorte qu'il sentait qu'ils aimeraient qu'il soit avec eux.

Il y avait un certain intervalle entre les groupes ; et il suivit chacun d'eux des yeux après son passage, blanchissant le long ruban de la route pendant un petit espace passager, s'élevant et s'éloignant à travers les hautes terres larges et ondulées, parmi les collines arrondies de vert, d'or et de lilas aériens, jusqu'à ce que il arriva au haut horizon et se dessina un instant, petit nuage de blancheur sur le bleu tendre, avant de disparaître au-dessus de la colline.

Pendant longtemps, il resta assis là à regarder et à s'interroger. C'était un monde très différent de celui dans lequel son hôtel particulier de l'Avenue avait été construit ; et cela lui paraissait étrange, mais très réel – aussi réel que tout ce qu'il avait jamais vu. Actuellement, il éprouvait un fort désir de savoir de quel pays il s'agissait et où allaient les gens. Il avait une légère prémonition de ce que cela devait être, mais il souhaitait en être sûr. Il se leva donc de la pierre où il était assis et descendit à travers l'herbe courte et les fleurs de lavande, vers un groupe de personnes qui passaient. L'un d'eux se tourna vers lui et lui tendit la main. C'était un vieil homme, sous la barbe et les sourcils blancs duquel John Weightman croyait voir une évocation du visage du médecin du village qui l'avait soigné des années auparavant, lorsqu'il était un garçon à la campagne.

"Bienvenue", dit le vieil homme. "Veux-tu venir avec nous ?"

"Où vas-tu?"

"Dans la ville céleste, pour y voir nos demeures."

"Et qui sont-ils avec toi ?"

"Des étrangers pour moi, jusqu'à il y a peu de temps ; je les connais mieux maintenant. Mais vous, je vous connais depuis longtemps, John Weightman . Vous ne vous souvenez pas de votre ancien médecin ?"

"Oui", s'écria-t-il, "oui, votre voix n'a pas changé du tout. Je suis vraiment heureux de vous voir, docteur McLean, surtout maintenant. Tout cela me semble très étrange, presque oppressant. Je me demande si... mais peut-être. Je viens avec toi, tu penses ? »

« Sûrement », répondit le docteur avec son sourire familier ; "Cela vous fera du bien. Et vous devez aussi avoir un manoir dans la ville qui vous attend - un bel hôtel aussi - n'êtes-vous pas impatient d'y être ?"

"Oui", répondit l'autre en hésitant un instant; "Oui, je crois qu'il doit en être ainsi, même si je ne m'attendais pas à le voir si tôt. Mais j'irai avec vous et nous pourrons parler en passant."

Les deux hommes rattrapèrent rapidement les autres personnes et avancèrent tous ensemble le long de la route. Le médecin n'avait pas grand-chose à raconter sur son expérience, car sa vie avait été simple et difficile, sans incident pour les autres, et l'histoire du village était très simple. Les aventures et les triomphes de John Weightman auraient constitué une histoire bien plus riche, plus imposante, pleine de contacts avec les grands événements et personnages de l'époque. Mais d'une manière ou d'une autre, il ne se souciait pas d'en parler beaucoup, marchant sur cette vaste lande paradisiaque, sous cette arche bleue tranquille et sans soleil, dans cet air libre de paix parfaite, où la lumière se diffusait sans ombre, comme si le l'esprit de vie en toutes choses était lumineux.

Il n'y avait qu'une seule personne, outre le médecin, dans cette petite entreprise que John Weightman avait connue auparavant – un vieux comptable qui avait passé sa vie devant un bureau à tenir soigneusement les comptes – un petit homme rouillé et ennuyeux, patient et étroit, dont la femme avait été dans un asile de fous pendant vingt ans et dont le seul enfant était une fille infirme, pour le confort et le bonheur de laquelle il avait travaillé et s'était sacrifié sans relâche. Ce fut une surprise de le retrouver ici, aussi insouciant et joyeux que les autres.

La vie des autres membres de la compagnie fut révélée par de brefs aperçus pendant qu'ils parlaient ensemble : une mère, veuve précoce, qui avait gardé son petit troupeau d'enfants ensemble et travaillé pendant des années difficiles et lourdes pour les élever dans la pureté et la connaissance ; de Charité qui s'était consacrée à soigner des pauvres gens qui mouraient à mort par le cancer - un maître d'école dont le cœur et la vie avaient été consacrés à son travail tranquille consistant à former des garçons pour qu'ils deviennent une virilité propre et réfléchie - un missionnaire médical qui avait donné entamé une brillante carrière scientifique pour prendre la direction d'un hôpital dans la plus sombre Afrique - une belle femme aux cheveux argentés qui avait renoncé à ses rêves d'amour et de mariage pour s'occuper d'un père invalide et qui, après sa mort, avait prolongé sa vie, recherche constante de moyens de faire preuve de bonté envers les autres - un poète qui s'était promené dans les immeubles bondés de la grande ville, apportant joie et réconfort non seulement par ses chansons, mais aussi par ses sages et patients travaux d'aide pratique - une femme paralysée qui avait resta trente ans sur son lit, impuissante mais non désespérée, réussissant par miracle de courage dans son seul objectif, ne jamais se plaindre, mais toujours transmettre un peu de sa joie et de sa paix à tous ceux qui l'approchaient. Tous ceux-là, et d'autres personnes comme eux, gens de peu de considération dans le monde, mais maintenant tous apparemment pleins d'un grand contentement et d'une joie intérieure qui rendait leurs pas légers, étaient dans la compagnie qui passait le long de la route, discutant ensemble des choses passées. et les choses à venir, et chantant de temps en temps avec des voix claires d'où le voile de la vieillesse et du chagrin était levé.

John Weightman s'est joint à certaines chansons – qui lui étaient familières du fait de leur utilisation dans l'église – d'abord avec une touche d'hésitation, puis avec plus de confiance. Car à mesure qu'ils avançaient, son sentiment d'étrangeté et de peur face à sa nouvelle expérience diminuait, et ses pensées commençaient à reprendre leur assurance et leur complaisance habituelles. Ces gens n'allaient- ils pas dans la Cité Céleste ? Et n'était-il pas à sa juste place parmi eux ? Il avait toujours attendu ce voyage avec impatience. S'ils étaient sûrs, chacun, d'y trouver une demeure, ne pourrait-il pas en être bien plus sûr ? Sa vie avait été plus fructueuse que la leur. Il avait été un leader, un fondateur de nouvelles entreprises, un pilier de l'Église et de l'État, un prince de la maison d'Israël. Dix talents lui avaient été donnés, et il en avait fabriqué vingt. Sa récompense serait proportionnée. Il était heureux que ses compagnons trouvent des habitations convenables préparées pour eux ; mais il pensait aussi avec un certain plaisir à la surprise que certains d'entre eux éprouveraient en voyant son hôtel particulier.

donc au sommet de la lande et regardèrent le monde au-delà. C'était une vaste plaine verte, doucement arrondie comme un vase peu profond, et entourée de collines d'améthyste. Une rivière large et brillante y coulait, et de nombreux fils d'eau argentés étaient tissés sur la verdure ; et il y avait des bordures de grands arbres sur les rives de la rivière, et des vergers pleins de roses fleuris le long des petits ruisseaux, et au milieu de tout cela se dressait la ville, blanche, merveilleuse et radieuse.

Lorsque les voyageurs l' ont vu , ils ont été remplis de crainte et de joie. Ils traversèrent les petits ruisseaux et les vergers rapidement et silencieusement, comme s'ils craignaient de parler, de peur que la ville ne disparaisse.

Le mur de la ville était très bas, un enfant pouvait voir par-dessus, car il n'était fait que de pierres précieuses, qui ne sont jamais grandes. La porte de la ville ne ressemblait pas du tout à une porte, car elle n'était pas barrée de fer ou de bois, mais une seule perle, légèrement brillante, marquait l'endroit où se terminait le mur et où l'entrée était ouverte.

Il y avait là une personne dont le visage était brillant et grave, et dont la robe était comme la fleur de lys, non pas un tissu tissé, mais une texture vivante. « Entrez, dit-il à la compagnie des voyageurs ; "Vous êtes à la fin de votre voyage et vos demeures sont prêtes pour vous."

John Weightman hésita, car un doute le troublait. Supposons qu'il ne soit pas vraiment, comme ses compagnons, au terme de son voyage, mais seulement transporté pour un petit moment hors du cours régulier de sa vie dans cette expérience mystérieuse ? Supposons qu'après tout il n'ait pas vraiment franchi la porte de la mort, comme ces autres, mais seulement la porte des rêves, et qu'il marche dans une vision, un homme vivant parmi les morts bienheureux. Serait-il juste qu'il les accompagne dans la cité céleste ? Ne serait-ce pas une tromperie, une profanation, une offense profonde et impardonnable ? Cette question étrange et déroutante n'avait aucune raison, comme il le savait très bien ; car s'il rêvait, alors tout cela n'était qu'un rêve ; mais si ses compagnons étaient réels, alors il était aussi avec eux en réalité, et s'ils étaient morts, alors il devait être mort aussi. Pourtant, il ne parvenait pas à se débarrasser du sentiment qu'il y avait une différence entre eux et lui, et cela lui faisait peur de continuer. Mais alors qu'il s'arrêtait et se tournait, le gardien de la porte le regarda droit dans les yeux et lui fit signe. Il comprit alors qu'il était non seulement juste mais nécessaire qu'il entre.

Ils passèrent de rue en rue parmi des demeures belles et spacieuses, entourées de jardins d'amarante et ornées d'une beauté infiniment variée, d'une divine simplicité. Les demeures différaient par leur taille, leur forme et leur charme : chacune semblait avoir sa propre beauté personnelle ; pourtant tous étaient semblables par l'adaptation à leur place, en harmonie les uns avec les autres, dans l'ajout que chacun apportait à la splendeur singulière et tranquille de la ville.

Tandis que la petite compagnie se dirigeait, une à une, vers les demeures qui leur étaient préparées, et que leur guide faisait signe à l'heureux habitant d'entrer et d'en prendre possession, il y eut un doux murmure de joie, moitié émerveillement et moitié reconnaissance ; comme si la demeure nouvelle et immortelle était couronnée de la beauté de la surprise, plus belle et plus noble que tous les rêves en avaient été ; et pourtant aussi comme s'il était touché par la beauté du familier, du souvenir, du longtemps aimé. L'un après l'autre, les voyageurs furent conduits dans leurs propres demeures et y entrèrent avec plaisir ; et de l'intérieur, par les portes ouvertes, parvenaient de douces voix de bienvenue, des rires sourds et des chants.

Finalement, il ne resta plus personne avec le Guide à part les deux vieux amis, le docteur McLean et John Weightman . Ils se tenaient devant l'une des maisons les plus grandes et les plus belles, dont le jardin brillait doucement de fleurs radieuses. Le Guide posa la main sur l'épaule du docteur.

"C'est pour toi", dit-il. " Entrez ; il n'y a plus de douleur ici, plus de mort, ni de chagrin, ni de larmes ; car vos anciens ennemis sont tous vaincus. Mais tout le bien que vous avez fait aux autres, toute l'aide que vous avez apportée, toute la le réconfort que vous avez apporté, toute la force et l'amour que vous avez accordés à ceux qui souffrent sont ici ; car nous les avons tous construits dans cette demeure pour vous. »

Le visage du brave homme était éclairé d'une joie tranquille. Il serra étroitement la main de son vieil ami et murmura : « Comme c'est merveilleux ! Allez, vous viendrez ensuite dans votre manoir, ce n'est pas loin, et nous nous reverrons bientôt, très bientôt.

Alors il parcourut le jardin et se mit à écouter la musique à l'intérieur. Le gardien de la porte se tourna vers John Weightman avec des yeux calmes et inquisiteurs. Puis il demanda gravement :

"Où veux-tu que je te conduise maintenant ?"

"Pour voir mon propre manoir", répondit l'homme avec une excitation à moitié dissimulée. " N'y en a-t-il pas ici pour moi ? Vous ne me laisserez peut-être pas encore y entrer, peut-être, car je dois vous avouer que je ne suis que... "

"Je sais", dit le gardien de la porte, "je sais tout. Vous êtes John Weightman ."

"Oui", dit l'homme, plus fermement qu'il ne l'avait dit au début, car cela le réjouissait que son nom soit connu. "Oui, je suis John Weightman , directeur principal de l'église Saint-Petronius. J'aimerais beaucoup voir mon manoir ici, ne serait-ce que pour un instant. Je crois que vous en avez un pour moi. Veux-tu m'y emmener ?"

Le gardien de la porte sortit un petit livre de la poitrine de sa robe et en tourna les pages.

"Certainement," dit-il en jetant un regard curieux à l'homme, "votre nom est ici ; et vous verrez votre manoir si vous me suivez."

Il semblait qu'ils avaient dû marcher des kilomètres et des kilomètres à travers la vaste ville, passant rue après rue de maisons plus grandes et plus petites, de jardins plus riches et plus pauvres, mais tous pleins de beauté et de délices. Ils arrivèrent dans une sorte de faubourg, où se trouvaient de nombreuses petites chaumières, avec des parcelles de fleurs, très basses, mais lumineuses et odorantes. Finalement, ils atteignirent un champ ouvert, nu et solitaire. Il y avait là deux ou trois petits buissons sans fleurs, et l'herbe était clairsemée et fine. Au centre du champ se trouvait une petite cabane, à peine assez grande pour accueillir un abri de berger. On aurait dit qu'il avait été construit à partir d'objets mis au rebut, de débris et de fragments d'autres bâtiments, assemblés avec soin et peine par quelqu'un qui avait essayé de tirer le meilleur parti des matériaux de rebut. Il y avait quelque chose de pitoyable et de honteux dans cette cabane. Elle rétrécissait, s'affaissait et s'effaçait dans son champ aride, et semblait s'accrocher uniquement par la souffrance aux limites de la splendide ville.

" Ceci, " dit le gardien de la porte, se tenant immobile et parlant d'une voix basse et distincte, " ceci est votre manoir, John Weightman . "

Un choc presque intolérable d'émerveillement et d'indignation étouffa l'homme pendant un moment, au point qu'il ne put dire un mot. Puis il détourna son visage de la pauvre petite cabane et se mit à remontrer avec empressement à son compagnon.

« Sûrement, monsieur, balbutia-t-il, vous devez vous tromper à ce sujet. Il y a quelque chose qui ne va pas – un autre John Weightman – une confusion de noms – le livre doit se tromper.

«Il n'y a pas d'erreur», dit très calmement le gardien de la porte; "Voici votre nom, l'enregistrement de votre titre et de vos possessions en ce lieu."

" Mais comment une telle maison pourrait-elle être préparée pour moi, " s'écria l'homme avec un tremblement de ressentiment dans la voix, " pour moi, après mon long et fidèle service ? Est-ce une demeure convenable pour quelqu'un de si connu et si dévoué ? Pourquoi est-il si pitoyablement petit et mesquin ? Pourquoi ne l'avez-vous pas construit grand et beau, comme les autres ?

"C'est tout le matériel que vous nous avez envoyé."

"Quoi!"

"Nous avons utilisé tout le matériel que vous nous avez envoyé", répéta le gardien de la porte.

"Maintenant, je sais que vous vous trompez", s'écria l'homme avec un sérieux croissant, "car toute ma vie j'ai fait des choses qui ont dû vous fournir du matériel. N'avez-vous pas entendu dire que j'ai construit une école ; l'aile d'un hôpital ; deux, oui, trois petites églises, et la plus grande partie d'une grande, la flèche de Saint-Pierre... »

Le gardien de la porte leva la main.

"Attendez", dit-il; "Nous savons toutes ces choses. Elles n'ont pas été mal faites. Mais elles ont toutes été marquées et utilisées comme fondement du nom et de la demeure de John Weightman dans le monde. Ne les avez-vous pas planifiées pour cela ?"

"Oui," répondit l'homme, confus et interloqué, "j'avoue que je pensais souvent à eux de cette façon. Peut-être que mon cœur y était trop attaché. Mais il y a d'autres choses - ma dotation pour le collège - ma stabilité et des contributions libérales à toutes les œuvres caritatives établies - mon soutien à tous les respectables - "

"Attendez", répéta le gardien de la porte. "Tout cela n'a-t-il pas été soigneusement enregistré sur terre afin d'ajouter à votre crédit ? Ils n'ont pas été bêtement faits. En vérité, vous avez reçu votre récompense pour cela. Seriez-vous payé deux fois ?"

"Non", s'écria l'homme avec une consternation de plus en plus grande, "je n'ose pas prétendre cela. J'avoue que j'ai trop considéré mon propre intérêt. Mais sûrement pas tout à fait. Vous avez dit que ces choses n'étaient pas faites de manière stupide. Elles ont accompli du bien. dans le monde. Cela ne compte-t-il pas pour quelque chose ?

"Oui," répondit le gardien de la porte, "ça compte dans le monde, là où vous l'avez compté. Mais cela ne vous appartient pas ici. Nous avons conservé et utilisé tout ce que vous nous avez envoyé. C'est le manoir préparé pour vous. ".

Au fur et à mesure qu'il parlait, son regard devenait plus profond et plus inquisiteur, comme une flamme de feu. John Weightman ne pouvait pas le supporter. Cela semblait le mettre à nu et le flétrir. Il tomba au sol sous un poids écrasant de honte, se couvrant les yeux avec ses mains et se recroquevillant face contre terre sur les pierres. Vaguement, à travers les troubles de son esprit, il sentit leur dureté et leur froideur.

« Dites-moi alors, s'écria-t-il d'une voix brisée, puisque ma vie ne vaut si peu de valeur, comment suis-je arrivé ici ?

« Grâce à la miséricorde du roi » — la réponse fut comme le doux son d'une cloche.

"Et comment l'ai-je gagné ?" murmura-t-il.

"Cela n'est jamais mérité ; cela est seulement donné", fut la réponse claire et basse.

"Mais comment ai-je échoué si lamentablement", a-t-il demandé, "dans tout le but de ma vie ? Qu'aurais-je pu faire de mieux ? Qu'est-ce qui compte ici ?"

"Seulement ce qui est vraiment donné", répondit la voix de cloche. "Seulement le bien qui est fait par amour de le faire. Uniquement les projets dans lesquels le bien-être d'autrui est la pensée maîtresse. Seuls les travaux dans lesquels le sacrifice est plus grand que la récompense. Seuls les cadeaux dans lesquels celui qui donne s'oublie lui-même. ".

L'homme resta silencieux. Une grande faiblesse, un découragement et une humiliation indescriptibles l'assaillaient. Mais le visage du gardien de la porte était infiniment tendre alors qu'il se penchait sur lui.

"Détrompez-vous, John Weightman . N'y a-t-il rien eu de tel dans votre vie ?"

"Rien", soupira-t-il. "Si de telles choses ont jamais existé, cela doit être il y a longtemps – elles étaient toutes évincées – je les ai oubliées."

Il y avait un sourire ineffable sur le visage du gardien de la porte, et sa main faisait le signe de croix sur la tête baissée tandis qu'il parlait doucement :

" Ce sont des choses que le Roi n'oublie jamais ; et comme il y en a eu quelques-unes dans votre vie, vous avez une petite place ici. "

La sensation de froideur et de dureté sous les mains de John Weightman devint plus aiguë et plus distincte. Le sentiment de lassitude et de lassitude corporelles pesait sur lui, mais il y avait un calme, presque une légèreté, dans son cœur tandis qu'il écoutait les vibrations s'affaiblissant des cloches argentées. L'horloge de la cheminée sur la cheminée venait de sonner le dernier coup de sept heures alors qu'il relevait la tête de la table. De fines bandes pâles du matin citadin tombaient dans la pièce à travers les fentes étroites des lourds rideaux.

Que lui était-il arrivé ? Avait-il été malade ? Était-il mort et revenu à la vie ? Ou avait-il seulement dormi et son âme était-elle allée lui rendre visite en rêve ? Il resta assis un moment, immobile, non perdu, mais plongé dans ses pensées. Puis il sortit un livre étroit du tiroir de la table, écrivit un chèque et le déchira.

Il monta lentement l'escalier, frappa très doucement à la porte de son fils, et, n'entendant aucune réponse, entra sans bruit. Harold dormait, son bras nu jeté au-dessus de sa tête, et son visage impatient se détendait en paix. Son père le regarda un moment avec des yeux étrangement brillants, puis se dirigea tranquillement sur la pointe des pieds vers le bureau, trouva un crayon et une feuille de papier et écrivit rapidement :

« Mon cher garçon, voici ce que vous m'avez demandé : faites-en ce que vous voulez et demandez-en davantage si vous en avez besoin. Si vous pensez encore à ce travail avec Grenfell, nous en reparlerons aujourd'hui après. église. Je veux mieux connaître votre cœur ; et si j'ai commis des erreurs… »

Un léger bruit lui fit tourner la tête. Harold était assis sur son lit, les yeux grands ouverts.

"Père!" il a crié, "c'est toi ?"

"Oui, mon fils", répondit John Weightman ; "Je suis revenu, je veux dire, je suis monté, non, je veux dire, je suis entré, eh bien, me voici, et que Dieu nous donne un bon Noël ensemble."

LA FIN